Über dieses Buch

In diesem Band stellt Ilse Aichinger zum ersten Mal ihre zwischen 1958 und 1978 entstandenen und bislang nur verstreut oder noch gar nicht publizierten Gedichte geschlossen vor, in einer Anordnung, die ihre Entstehungszeit unberücksichtigt läßt.
Bilder und Themen aus der Umwelt, Alltagsbeobachtungen und Erinnertes erscheinen in neuen Bezügen, surrealistisch verfremdet. Es sind kurze Gedichte in einer knappen, auf das unbedingt Notwendige reduzierten Sprache. Dabei wird eine Welt erkennbar, die in der Sprache entsteht. Zum Entstehungsprozeß merkt Ilse Aichinger an: »Wenn ich die Form zu suchen gefunden habe, merke ich, daß ich eigentlich die Form zu finden gefunden habe, im Fall des Textes, die Form zu lesen, und daß Lesen und Schreiben wie Suchen und Finden sich einander bis zur Identität annähern können.«

Die Autorin

Ilse Aichinger wurde am 1. November 1921 in Wien geboren und wuchs dort auf. Nach dem Krieg Medizinstudium, dann Arbeit im Lektorat des S. Fischer Verlags und an der Hochschule für Gestaltung in Ulm. 1953–1972 verheiratet mit Günter Eich; sie lebt in Großgmain bei Salzburg. Ilse Aichinger erhielt mehrere wichtige Literaturpreise, so den Preis der Gruppe 47, den Bremer Literaturpreis und den Düsseldorfer Immermann-Preis.
Veröffentlichungen: ›Die größere Hoffnung‹ (1948; 1974 als Fischer Taschenbuch Bd. 1432; 1976 in der Fischer Bibliothek); ›Der Gefesselte‹ (1953); ›Zu keiner Stunde‹ (1954); ›Nachricht vom Tag‹ (1954; 1970); ›Knöpfe‹ (1955; 1961 in: ›Hörspiele, Fischer Taschenbuch Bd. 7010); ›Besuch im Pfarrhaus‹ (1961); ›Wo ich wohne‹ (1963); ›Eliza Eliza‹ (1965); ›Auckland‹ (1969); ›schlechte Wörter‹ (1976); ›verschenkter Rat‹ (1978), ›Meine Sprache und ich‹. Erzählungen (1978, Fischer Taschenbuch Bd. 2081).

Ilse Aichinger
verschenkter Rat
Gedichte

Fischer
Taschenbuch
Verlag

Ungekürzte Ausgabe
Fischer Taschenbuch Verlag
Dezember 1981

Umschlagentwurf: Jan Buchholz / Reni Hinsch
Foto: Harro Wolter

Fischer Taschenbuch Verlag GmbH, Frankfurt am Main
Lizenzausgabe mit freundlicher Genehmigung
der S. Fischer Verlag GmbH, Frankfurt am Main

Gesamtherstellung: Hanseatische Druckanstalt GmbH, Hamburg
Printed in Germany
680-ISBN-3-596-25126-5

Inhalt

Gebirgsrand

Denn was täte ich,
wenn die Jäger nicht wären, meine
Träume,
die am Morgen
auf der Rückseite der Gebirge
niedersteigen, im Schatten.

Winterantwort

Die Welt ist aus dem Stoff,
der Betrachtung verlangt:
keine Augen mehr,
um die weißen Wiesen zu sehen,
keine Ohren, um im Geäst
das Schwirren der Vögel zu hören.
Großmutter, wo sind deine Lippen hin,
um die Gräser zu schmecken,
und wer riecht uns den Himmel zu Ende,
wessen Wangen reiben sich heute
noch wund an den Mauern im Dorf?
Ist es nicht ein finsterer Wald,
in den wir gerieten?
Nein, Großmutter, er ist nicht finster,
ich weiß es, ich wohnte lang
bei den Kindern am Rande,
und es ist auch kein Wald.

Sonntagvormittag

Gott zu lieben,
ihn anzubeten
und ihm allein zu dienen.
Rastend
auf dem Weg zu den Höfen
zur bestimmten Stunde
aus der Ferne gesehen
über dem Schnee.

Marianne

Es tröstet mich,
daß in den goldenen Nächten
ein Kind schläft.
Daß sein Atem neben der Schmiede geht
und seine Sonne
schon früh
mit Hahn und Hennen
über das nasse Gras steigt.

Außer Landes

Bücher aus fremden Büchereien,
die erstarkten Tauben.
Käme es auf die Orte an,
die wir zu verlassen
im Stand sind,
mit ihrem Himbeergesträuch,
den Tüchern,
die sich schon im Winde falten,
sie wechseln still hinter uns,
während wir bleiben,
auf den warmen Rücken
der Gärten, steinern
oder aus Sand.

Widmung

Ich schreibe euch keine Briefe,
aber es wäre mir leicht, mit euch zu
sterben.
Wir ließen uns sacht die Monde hinunter
und läge die erste Rast noch bei den
wollenen Herzen,
die zweite fände uns schon mit Wölfen
und Himbeergrün
und dem nichts lindernden Feuer, die
dritte, da wär ich
durch das fallende dünne Gewölk mit
seinen spärlichen Moosen
und das arme Gewimmel der Sterne, das
wir so leicht überschritten,
in eurem Himmel bei euch.

Mägdemangel

Wer bleibt den Felsen auf der Spur,
wer säumt die Gräser,
wer riegelt uns die Plätze
jenseits der Straßen ab?
Die mit den Löffeln aßen,
haben in den Schuhen
die Steine mitgenommen
und sind lange fort.
Wer hilft uns noch,
wer läßt der Sonne jetzt
ihr leichtes Spiel?
Sind wir von Baum zu Baum
allein geblieben
oder bewegen sich die Schatten,
diese Tröster, aus ihren Netzen
bald herab zu uns?

Die trüben Stunden nutzend

Laß das Gelichter
auf den Feldern rasten,
im Dunst, der aufsteigt,
denn nichts leuchtet dir.
Die Grottenbahnen auf den Hügeln
sind jetzt geschlossen,
die Rüben lange aus der Erde,
die Kinder fort.
Die Blumenflechter sind die letzten,
die noch blieben,
sie brennen Öl,
mit ihnen läßt sich reden.

Dorfweg

Die Stare lästern im Herbst
und manchmal höre ich die Türen
zweimal schlagen,
einmal davon im Traum.

Wer gab uns die Bilder,
die roten Äpfel
im Garten des Kohlenbrenners,
ungereimt, aber gesonnen zu
unterliegen mit uns.

Briefwechsel

Wenn die Post nachts käme
und der Mond
schöbe die Kränkungen
unter die Tür:
Sie erschienen wie Engel
in ihren weißen Gewändern
und stünden still im Flur.

Rauchenberg

Das Zaumzeug,
Kränze an der Mauer,
die erneuerte Spur der Schatten
reicht mir den Weg.

Wo der Wagen rostet
bei den eingesunkenen Hölzern,
neigen sich meine Lieben
leichter über das Dach.

Spät

Holzfarben
und die Kerze
rostrot im Schatten entzündet,
weht der Wind
durch die Schneise,
lockt sich die Sonne hinweg.

Wenn erst
Backhaus und Scheune
sich nach dem Niedergang strecken,
fängt der Himmel
die Stämme,
rostet der Schnee vor dem Jahr.

Mein Vater

Er saß auf der Bank,
als ich kam.
Der Schnee stieg vom Weg auf.
Er fragte mich nach Laudons Grab,
aber ich wußte es nicht.

Ende des Ungeschriebenen

So wird niemand wissen
von unseren Atemstößen,
als wir über die Brücke liefen,
und was hinter uns liegt,
erfahren sie nicht:
Die schwachen Namenszüge,
die geköpften Sonnen.
Die Vorhallen der Spitäler
sind still.

Bei Linz

Ich mit dem Tag auf den Fersen
und die holprigen Landwege.
Hört das Gerüttel!
Hol mich nicht ein, mein Tag,
aber bleibe mir auf den Fersen.

Teil der Frage

Hoch auf dem Platze steht das Wasser,
die Luft steigt noch in Blasen,
doch was sie singen,
dringt nicht mehr zu mir.
Die Fische kreisen um die Kirchentüren,
wer gibt mir Antwort:
Soll ich in den Berg
oder ins Haus mit denen,
die mich lieben,
und den weiten Blick,
das Knirschen aller Schritte
noch einmal?
Wie schwarz mein Land wird,
nur tief unten krümmt sich
grün die Zeit.

Winterfrüh

Eh die Träume rosten und brechen,
laß die Geliebten drauf hinunterfahren,
die Großen und die Kleinen in den grauen
        Mänteln,
schaut her, die helle Bahn, das Eis.

Jüngste Nacht

Denn was sollte ans Licht kommen
als die Schneestreifen,
Schwerter am Rande der Kindheit
und gegen den Wald
die Äste der Apfelbäume,
die der Mond schwarz wusch,
die Hühner, die gezählt sind?

Versuch

Zwischen Leiter und Nordwand,
Besuch am Nachmittag und verworfenem
        Holz,
Apfel- und Schneeresten
ein Verhältnis herzustellen,
das unaufhebbar ist.

Baumzeichnen

für Eva, Pia, Florian, Julian
und Manuel Aicher

Hier, jetzt
nehmt diese Zweige
und gebt ihnen recht,
bemalt sie, laßt sie hängen,
spannt sie aus,
laßt auch Mäuse daran
und was euch noch zukommt:
ruhige und zittrige Hände,
Dachse und Sprossen
und die Bitten für die Schwermütigen
eurer Brüder und Schwestern,
weiße und rote Nadeln,
alles so wie es ist
und so wie es nicht ist,
Schnee und Schlemmkreide,
eine Hilfe, aber keine Hilfe,
kein Trost, aber ein Trost.

Spaziergang

Da die Welt aus Entfernungen entsteht,
Treppenhäuser und Moore,
und das Erträgliche sich verdächtig macht,
so laßt es nicht zu,
daß hinter euren Ställen die Elstern
kurz auffliegen und glänzend
in die glänzenden Weiher stürzen,
daß euer Rauch noch steigt
vor den Wäldern,
lieber wollen wir warten,
bis uns die goldenen Füchse
im Schnee erscheinen.

Kartenspiel

Die schwarzen Winkel vergessend,
Gesichter
und das Gold unter der Mauer,
wir lassen alles dahin,
die Schaukel mit den Eisenmännern,
die Muster, die uns blind machten,
und unter der Küchenbank
ein Nashorn, vom Lichte erwärmt.

Bobingers Klage

Meine Freunde sind ausgegeben,
zwischen den Blättern und Ästen
verlor ich sie.
Wer löst mir das Bild,
wer holt ihre leichten Gestalten
neu aus dem Regen hervor,
wer fängt ihnen Wolkenhauben,
wer dreht mir die Sonnenuhr?

Attersee

Zeichnung der im Tiefen verstorbenen
    Fische,
um zwölf auf die weiße Mauer geworfen,
um zwölf von der weißen Mauer
    genommen,
vom Mesner, der kam, um die Türen zu
    schließen.
Niemand hat sie gesehen.

Breitbrunn

Es neigen sich
die Tage der Kindheit
den späten Tagen zu.
Und fragst du nach der Heimat,
so sagen alle, die blieben:
Das Gras ist gewachsen.
Aber nichts davon,
daß die gewundenen Wege
die Hügel hinab
aufstanden und seufzten.
Ehe sie sterben,
ziehen die Pfarrer
in andere Dörfer.

Winteranfang

Im Fach liegt nichts mehr,
die Soldaten, die um Mittag starben,
schlafen leichter unter dem Glas.
Die Windrichtungen sind schuld,
daß die Gräser sich einzogen
und dürr wurden,
daß die Rahmen paßten,
die beschlossenen Herbste.
Wo flog mein Drachen hin, wie rasch,
wie kam es, sank er
orangenrot, um sich zur Ruh zu betten,
an euer Haus?

Selbstgebaut

Ich will meine Dörfer
ohne Worte lassen
und nur den Schnee
durchschwingen
und offen gegen die Zäune.
Von der Höhe meiner Speicher
will ich die Jaguare betrachten,
die Wölfe pfeifen hören.
Die Sonne sprang hier fort,
aber den Kindern
wird bei ihrer Ernte
von Löwenzähnen geholfen,
Platz für den König!

Anweisung

Die Wünsche nehmen,
an den Rändern
die Erde in Wachs hüllen,
Wälle formen,
fortblättern.
Und mit den hohlen Rosen,
meinen manche,
sind neue Helfer da,
Helden, Beschwerdeführer,
Kapreiter.
Freunde, heißt es.

Auf Sicht

Es liegt alles offen,
die Gehäuse der Rabbiner
und die Bienenhäuser,
in Schreinen die Zielschiffe,
die beharrlich sind,
die sich die Küsten entgehen lassen,
Höhlen und rissige Tiere.
Dir zittern die Knie,
Jonathan, wenn du springst
und dich vorwagst,
aber spring, dich behalten sie leicht,
steck Veilchen ins Knopfloch,
die Zimmerleute sind schutzlos
in jedem Stein.

Mir

Ich wollte von dem langen Wohnen
berichten,
von den Kegelspielen mit den roten
Hölzern
auf der Terrasse, von den Blicken hinaus.
Ich wollte die Rufe der Männer auf dem
Eis
genau wiederholen, wie die Hölzer auch
schlugen,
die Fensterblumen wollt ich beschreiben,
wie sie zur Sonne wuchsen.
Was tat ich?

Zwei Orte, zusammengelegt

Woran soll ich die Tage erkennen?
An den grünen Bischofsgewändern,
den Besuchen der Heiligen
und an der kurzen Ruh?

Wo das Gras gebacken wird,
rosten die Schläfer
in den finsteren Bäckerstuben.
Wer bewahrt meinen Himmel
für mich?

Winterrichtung

Ich lasse mich
von den Jagdhörnern
aus meinen Schlupfwinkeln jagen,
hin zu der Morgenröte
unterm Schnee,
zum vergilbenden Gras.

Mit meinen Händen
erreich ich
schon die Gelübde der Alten,
die mich rasch aufwärts ziehen,
hol mir
den winkligen Mond.

Winter gemalt

Und in den weißen Röcken
im Schnee die Österreicher.
Laß uns aufschauen
und ihre Spuren
im Finkenschlag finden,
in den Gebirgsspitzen.
Grün dämmert schon
die Ölbergfarbe
von den Wänden,
die wispernden Scheunendächer.
So leicht wie heute
wechseln die Schatten nie mehr.

Leichte Wahl

Ich höre die Stimmen,
die Robinson Crusoe vorlesen,
die sich mit den Wänden begnügen,
die die Trauer erwählen,
die himmlische Magd.
Ich versenke mich in die Blicke,
die von Staub schon bedeckt sind
und die mich leicht überschauen
mit dem Schlag eines Lids.

Unsere Frau

Unsere Frau
gehört zum Klageverein,
sie fährt mit dem Rad zur Scheune,
beklagt die Lebenden.
Die Butterblumen leuchten ihr,
                              der Bach,
wenn sie die Augen schließt,
fliegt rot der Steinbruch vorbei.

Ortsanfang

Ich trau dem Frieden nicht,
den Nachbarn, den Rosenhecken,
dem geflüsterten Wort.
Ich hörte,
daß sie die Häute an die Schlinge legen,
daß sie die Bänke kippen vor dem Winter,
ihre Jauchzer flogen
zum Schlaf gerüstet
durch Schul- und Kirchenhäuser
auf und fort.
Wer erwartet noch die Vögel,
die bleiben,
den Rauch übers kurze Gras?

Ortsende

Das Dorf streicht weg,
gebt ihm den Abschied,
ermattet und zergraben
laßt es liegen,
so, bleischwer,
die Traufen offen, trocken,
von der Sonne festgerammt,
nichts hoch am Himmel,
die letzte Schabe,
die vor der Sintflut
ohne Noah Rettung fand,
kriecht in den Tümpel,
der neue Zöllner lacht.

Florestan

Jetzt will ich dich,
mein Bruder,
in den Gängen fangen
und unter den Schnee
treiben.
Die Übergänge
will ich dir zeigen
und die Stätten,
um kurz zu rasten.
Ich will dich
von den hellen Plätzen
verscheuchen,
daß du weit auffliegst
und dich zu mir
fort begibst,
unserem Kranz
zur Nacht.

Königsreim

Wir kommen aus dem Morgenland,
die Bischofsmütze hat
Platanengärten rasch ins Bild gerufen,
die Sonne hat uns schwarz gebrannt,
und ausgestreckt zwischen den Fässern
und dem Lande Krain,
Görz und Gradiska,
auch die weißen Schaukeln,
wir heißen Mohren,
denn Kärnten ging verloren,
Herr Meister, gebt uns Arbeit dann,
Herr Meister, wie heißt Ihr?

Lesen

Der Lesestoff ist grün,
fällt ein durch quadratische Fenster,
bleibt auf dem Fliesenstein
im Vorflur liegen,
weit von den Rhododendren,
erst Nachmittag.

Falternome

Lourdes kommt herunter,
ein armes Mädchen,
und läßt von neuem
die blauen Berge sein
und sammelt Reisig
in ihre finstere Mütze
und holt weit aus,
fängt Schafe und fängt Wasser
und streift an euren blinden Hecken
allein vorbei.

Hochzeitszug

Wir kamen zum Baum von Holnis
und fanden darunter
viel samtene Kinder,
die schliefen
und hatten die Augen
weit offen im Traum,
es glänzten im Heu die Kirschen
zwischen den Scheunentüren,
das blaue Gekräusel,
alte Wagenräder,
noch Schatten entfernten Jubels,
längst landeinwärts gerollt,
wer sagte, zur See?

Dreizehn Jahre

Das Laubhüttenfest ist weit,
der Glanz der Kastanien,
aufgereiht am Fenster des Gartenhauses.
Und noch im Raum
die Kerze,
die Religionen der Welt.

Der Wüstenstaub unter dem Fahrrad-
schlauch.
Nach diesem Mittag
kommt die Dämmerung schneller.
Die Gefährten
und ein grünes Grab,
Rajissa.

Wir kommen abends wieder,
wir kommen nimmermehr.

Gonzagagasse

Die Flammen aus den Speichern hat der
Himmel genährt,
er zog sie auf, er lehrte sie brennen, er
begeisterte sie
an den Pfeilerhölzern der Brücken.
Unterdessen zogen die Salzschiffe gleich-
mütig vorbei,
Maut wurde eingehoben, Zoll bezahlt,
die Tauben nahmen zu.
Vor der Schusterwerkstatt gedieh das
Tempelhüpfen.
Dort sprangen sie, in dunkle Mäntel
gehüllt,
weil die Frühlingsabende kühl sind, von
Feld zu Feld
dem Stein nach bis unter den Kreide-
bogen.

Ohne Jahre

Der Philippshof, Zweige,
Staub, weil es Sommer war,
und Mut.
Was bleibt, gibt zu denken,
und was nicht bleibt, dasselbe
noch einmal,
Rosmarin hat eine Farbe
und hat sie doch.
Die Köpfe rund, eckig, glatt
und anders
oder ist das kein Wort,
um die Welt zu bezeichnen,
die Himmelsränder über den Rampen?
Freude ist eins
und ist es wieder
und wird es noch einmal sein
in den Dörfern,
die das Einverständnis
bei sich hält,
mit ihren Glasfischen,
Wald, der sich herabschwingt,
Landungsstellen aus Zweigen,
Stürmen und Mut.

Befehl des Baumeisters beim Bau der Prinz-Eugen-Straße

Gleich zu Beginn
ein breiter Streifen Wind,
an seinem Rande pflanzt den Essigbaum,
vergeßt die Tauben nicht
und bald, ich schwör es,
geht der Staub
an euren Träumen hoch.
Wenn diese Wolken
sich zu den helleren am Himmel schlagen,
kennt ihr das Muster,
findet ihr den Plan.

Triest

Ich sah in den Blätterschatten
den Umriß geharnischter Länder,
aus der Sonne kamen
die vielen Vögel zu mir,
sie lehrten mich
die Künste des Maschenbindens
überm gefalteten Meer
und einer von ihnen ließ sich
auf meinen Rippen nieder
und besprach mich
und vor den Taubengrotten
auch meinen Stern.

Wunsch

Von den verkürzten Aufenthalten
das Schweigen zu erlernen,
von den dunklen Hölzern,
den ungenützten Zwischenräumen,
von den Mädchen in ihren weißen
Kleidern,
Säulen aus Staub, die Tempel tragen,
den Türen im zitternden Spiegel.

Meiner Großmutter

Die Doppeltüren
in den Modenapark,
die Frage
nach dem Ursprung,
nach den Religionen,
die Salesiandergasse,
die Frau Major Schultz,
die Excellenz Zwitkowitsch,
das Erschrecken,
die Demut,
die Abhängigkeit,
das Fräulein Belmont,
die Zuflucht,
der fremde Flur,
das Tor,
das aufspringt,
der tolle Hund,
erschrick nicht,
er ist weiß,
noch klein
und läuft vorbei.

Mittlerer Wahrspruch

Und wenn man in die Türkei fährt,
sagt meine Großmutter,
und dort stirbt,
wird man also
auf einem türkischen Friedhof
begraben.

Durch und durch

Wir sind alle
nur für kurz hier eingefädelt,
aber das Öhr
hält man uns seither fern,
uns Kamelen.

Zeitrechnen

Es ist zwölf geworden,
zwölf mit dem Bild des Bildes
an der Wand,
mit den vereisten Sprüngen.
Es wird noch mehr werden
als zwölf,
wenn es auch mehr als zwölf
so nicht mehr werden kann.
Es wird dann eins.

Abgezählt

Der Tag, an dem du
ohne Schuhe ins Eis kamst,
der Tag, an dem
die beiden Kälber
zum Schlachten getrieben wurden,
der Tag, an dem ich
mir das linke Auge durchschoß,
aber nicht mehr,
der Tag, an dem
in der Fleischerzeitung stand,
das Leben geht weiter,
der Tag, an dem es weiterging.

Nachruf

Gib mir den Mantel, Martin,
aber geh erst vom Sattel
und laß dein Schwert, wo es ist,
gib mir den ganzen.

Zuspruch an einen Mann, der dreiundzwanzig Jahre im Bett blieb und dann aufstand

Die Sekunden
am Bettrand entlang
freue dich,
so freu dich doch,
sage ich dir,
im Namen der Stadt
Newcastle upon Tyne,
der Schafschur,
die du so beherzt
mit ansahst,
der neuen Zucht,
die dich den Schweinen
überlegen macht,
noch überlegener,
der hübschen Pfiffe
aus Schottland,
hin und her,
steh nicht versteint
im Morgen,
freue dich.

Seitlicher Durchblick

Nichts weiter,
Flutlicht
auf die Pelzerhaltungsstätten,
die gebrannten Gladiolen,
die Gesellenlampen.
Wir sind
von den hellen Niederländern
gut behütet,
wir tragen Sporen
an den hohen Hacken,
den Schnee zur Luchskapelle
und Zierrat, grün, verbrochen,
weiter nichts.

Verlorenes Manöver

Es stand schon weiß,
die Häuser lockten
Schrecken aus der Zukunft,
Baltimore war weit
mit allem andern,
Orion und dem Gras.
Aus welcher Mitte
nahmen wir den Anfang,
stahlen uns davon
und rissen Lücken,
nur um zu heißen,
wie wir uns gerne nannten,
blau oder anders,
schworen ab und zu
Gehege in den Fall
und ließen sie mit stürzen,
holten sie mit uns ein?
Jetzt spiegeln sie,
sie alle, auch die geretteten
Flügel, Flüge, Verhinderungen
und es steht weiß.

März

Die grauen Kühe trotten
über die Dächer abwärts,
mit den Gräbern halten
die Baumschatten Schritt,
die zerfetzten Sonnenspuren.
Die Frauen an den Fenstern
geben ein,
es regnet jetzt bald,
unser Einverständnis
ist immer vorausgesetzt.

Märzwunsch an den Garten

Bleib ein Panther,
Schwärzling,
gefleckt und hungrig
auf Osterdienstage,
Regenstränge,
Rosenkranzgesetze,
auch auf solche,
die nachlassen,
auf die verworfenen Gewinne
aus Kinderlotterien,
den Inhalt
süßer, inhaltsloser Episteln,
bleib so,
naß und zornig,
wie du jetzt bist,
bereit,
von den ersten Kätzchen
bis zum Wetzstein
und zur langen Grenze
alle
und mit allen Unterschieden
zu verschlingen,
bleib so,
bleib hungrig
auf uns.

Danach

Hinausgehen
auf den Flecken,
der still ist,
unter die Sonne,
die heute
das Lärmen läßt,
das alte Geprahle.
Herausfinden,
jetzt herausfinden,
wo die hinrannten,
die hier
verwegen und leise waren,
in welchen Gestalten,
Chören, Verfänglichkeiten
sie unauffindbar sind.

Chinesischer Abschied

Wir legen uns heute nieder,
doppelt nieder,
wer uns wecken will,
möge es sanft tun,
er möge seine Stimme schonen
und auch sein Herz,
denn beide sind kostbar.

Alter Blick

Ich habe mich gewöhnt an dieses Fenster
und daß der Schnee durch meine Augen
fällt,
aber wer ist den Verlorenen nachgegangen
durch das offene Gartentor,
wer besiegelte, was da war,
die Regentonne,
und den Mond als Mond,
alle gefrorenen Gräser?
Wer schaukelte vor dem Morgen,
daß die Stricke krachten,
wer legt die Wachshand auf das Küchen-
fenster,
ließ sich im Weißen nieder
und nahm mich selber auf?

Restlos

Die Jungen mit den Totenscheinen
sind verschwunden.
Sie sind auf den gewesenen Pferden
rasch aus den Basaren geritten.
Sie sind fort.

Uns bleibt zu bedenken:
die List der Saurier
und wie sie kleiner wurden
bis zu unserem Maße,
die Spuren der Verwerfung
und ihr blankes Ende,
Hilfe und Hinweis
und ihr Untergang.

Ausgedacht

Wenn die Foltern gebündelt
sind,
geh ich nach Bayonne
und schieb mich durch die Gitter,
die ich meine,
und hör den Gips dort knistern,
den ich wollte,
wie ich wollte,
ohne ihn zu streicheln
und solang ich will.

Dem Ende zugedacht

Wenn aber das Gericht tagt,
werde ich weit von Bayonne sein,
weit von den bonnes vacances,
ob sie mich finden?

Schneeleute

Ich mische mich nicht leicht
unter die Fremden aus Schnee
mit Kohlen, Rüben, Hölzern,
ich rühre sie nicht an,
solang sie heiter prangen,
manche mit mehr Gesichtern
als mit einem.
Wenn dann die Kohlen
und die Rüben fallen,
Knöpfe, Knopfleisten,
die roten Lippenbänder,
seh ich es steif mit an
und ohne Laut,
ich eile nicht zu Hilfe.
Vielleicht sprechen sie
das Mailändische
schöner als ich,
es soll nicht ans Licht kommen.
Und darum Stille,
bis dieses Licht sie leicht
genommen hat
mit allem, was sich da
zwischen mailändisch
und mailändisch verbirgt,
dann auch mit mir.

In welchen Namen

Der Name Alissa,
der Name Inverness,
wann und
von welchen Wüstenrändern
hergetragen,
durch welche Orden,
Mönchsorden, Schwesternorden,
längs oder quer
und wohin, wohin nicht,
wie haltbar,
wie verschwenderisch
mit Mauerringen,
unter Wintersonnen
in aufgerissene Gräben,
Wälle, Wiegen
mit Feuern, Ringellocken,
ach Namen, Namen,
wenigstens auf euch beide
bin ich ungetauft
und bin nicht schuld.

Sommerfest

Ich frage mich:
weshalb freust du dich auf Namen,
Gaspard, Leberecht, Sonnenrand?
Und gebe mir zur Antwort:
weil sie ausbleiben könnten,
ohne daß ich dir erlauben würde,
zu trauern.

Kleine Summe

Kein Lasso
von den Falaises
nach Millhill geworfen,
keine Verbindung erwirkt
zwischen den segelnden
   Napoleonsverehrern,
sie warten noch immer,
keinen zur Tollheit bewogen,
die ihm zustand,
mit keinem
den alten Weg über die Kliffs
in den Himmel gefahren,
auch die Gemeinde der Flaubertisten
noch immer nicht endgültig
zu unterstützen bereit gewesen,
kein Leuchtzeichen entdeckt
zwischen mir und mir selber,
nur eines auf Befragung zugegeben:
es wird jetzt dunkel.

Ohne Bündel

Erweisen
und in die Erweise fliehen,
steinfolgsam, keine Faust,
die dreinfährt,
und wenn die Alte
sich aufs Haar tritt,
keine Bewegung,
und wenn sie
ihre Lauge trinkt,
nicht hin zu ihr,
nichts nehmen,
flieht weiter,
sterbt nicht,
wenn der Weg auch stirbt
und wenn die Kränze
euch am Ende ohne Ende
an die Schläfen fliegen
und sich auf euren Schädeln
türmen, freut euch,
ihr seid so weit.

Neuer Bund

Die Sonne will vor mir
in meinen Frieden,
springt, drängt, bewegt sich läppisch,
wartet mich nicht ab.
Und darum geh ich fort
aus diesem Frieden,
aus diesem lieben Frieden
in den Schatten
zu meinen lieben Schweinen,
die allein grimmig und gelassen genug
nach dem Gebote
und nach den Geboten
in unserem stumpfen Wasser
zu ersticken wissen,
die keine Sonne einholt
und verdirbt,
die obenauf erst nach dem Ende bleiben.
Meine Könige.

Einunddreißig

Ich lasse mich gerne gehen
und nehm die dreißig Silberlinge
mit,
wenn einer sie mir gibt,
mit um den Hals,
so daß wir schaukeln können,
wir einunddreißig
und daß ich sie noch klirren höre
in ihrem Hanfsack
bis aus der Welt.
Daß ich, wenn mir die Zunge steif
wird,
doch noch mit meinen blanken Ohren
die Stimme mitbekomme,
die euch gebietet:
Beginnt noch einmal!
Daß ich dann lustig bin.

In und Grimm

Auf euch will ich mich versteifen,
wenn der jüngste Richter kommt
und will ihn fragen:
weshalb hast du mich nicht geweckt,
damals im Juli,
wo warst du,
als die beiden Wilden ertranken,
meine Rotfelle und deine,
von denen eines hoffte,
das andere nicht?

Übermorgen

Die letzten Nachrichten
aus den Orten
bewegen sich ohne Fleiß,
wo Luft und Taue weiden.
Wer weiß, wer wen verließ?
Eine Stimme liegt auf
und ist zu haben:
wieder und fort.

Tagsüber

Ein ruhiger Junitag
bricht mir die Knochen,
verkehrt mich,
schleudert mich ans Tor,
hängt mir die Nägel an,
die mit den Farben
gelb, weiß und silberweiß,
verfehlt mich nicht,
mit keinem,
läßt nur die Narrenmütze fort,
mein Lieblingsstück,
würgt mich
mit seinen frischen Schlingen
solang bis ich noch atme.
Bleib, lieber Tag.

Zeitlicher Rat

Zum ersten
mußt du glauben,
daß es Tag wird,
wenn die Sonne steigt.
Wenn du es aber nicht glaubst,
sage ja.
Zum zweiten
mußt du glauben
und mit allen deinen Kräften,
daß es Nacht wird,
wenn der Mond aufgeht.
Wenn du es aber nicht glaubst,
sage ja
oder nicke willfährig mit dem Kopf,
das nehmen sie auch.

Möglichkeiten

Daß ich,
wenn ich mit meiner linken Schulter
den Spiegelschrank streife,
einem Meineidigen helfe
wie einem, der stirbt,
daß ein anderer,
einer in der Touraine,
einer im Niedergang,
wenn ich das Licht bei mir ausdrehe,
den nächsten Schritt wieder sieht,
daß ein dritter,
wenn ich zwischen den kranken Stämmen
          bei uns
schlafen gehe,
zwischen ganz anderen
und gesunden Stämmen,
aber mit einem leichten, kräftigen Seil
bei der Hand,
hinaus auf die Wiesen geht.

Findelkind

Dem Schnee untergeschoben,
den Engeln nicht genannt,
kein Erz, kein Schutz,
den Feen nicht vorgewiesen,
in Höhlen nur verborgen
und ihre Zeichen behende
aus den Waldkarten geschafft.
Ein toller Fuchs
beißt es und wärmts,
erweist ihm rasch die ersten Zärtlichkeiten,
bis er sich zitternd und gepeinigt
zum Sterben fortbegibt.
Wer hilft dem Kind?
Die Mütter
mit ihrer alten Angst,
die Jäger
mit den verfälschten Kartenbildern,
die Engel
mit den warmen Flügelfedern,
aber ohne Auftrag?
Kein Laut,
kein Schwingen in der Luft,
kein Tappen auf dem Boden.
Dann komm doch du noch einmal,
alter, toller Helfer,
schleif dich zurück zu ihm,
beiß es, verkratz es,
wärm es, wenn deine Räubertatzen
noch warm sind,
denn außer dir kommt keiner,
sei gewiß.

Zugehörig

Meine Schwarzen,
die ich weiden sehe,
die für mich davonweiden
ins Holz, in die Algen,
meine Tiere,
die mich hindern
zu bestehen,
die entzwei reiten,
was kommt,
die das kennen,
weil sie meine sind
und sonst nichts.

Verfrüht

Du legst mir keinen Stein hin,
um unsere alte Trauer zu erhöhen,
gibst mir kein Licht zum Fürchten
und keine Furcht, damit es heller wird,
und nicht einmal den Fetzen Schwermut,
den jeder Stern verlangt.
Du treibst um deinen Findling
und ich habe die Wachsfräulein
noch immer nicht gefunden,
die stiller sind
als Jesus in der Krippe,
noch nicht.

Kurzes Schlaflied

Rouen
soll bei dir sein,
der Apfelzucker,
die bessere Sonne
ohne Gewalttat,
es soll bei dir sein
Rouen, Rouen.

Bitte

Vor den zornigen Göttern,
vor dem zornigen Gott
sollst du mich nicht bewahren,
denn ich will nicht aus Angst zu dir.
Die Räder auf dem weißen Berg
drehen sich,
Homer sackt ein in seiner Ecke,
weck ihn,
weck ihn mir auf
mit deinem letzten Lachen,
daß ich dich höre,
wenn ich in die Räder gehe
und er singt.

An einen 4. März

Nichts fängt sich,
die Küken rennen barfuß im Wind,
die Schuster sind ausgeflogen,
die Pläne gestern und bei Licht
davongekarrt,
Kommt mit auf die lange Wiese
und wer von uns als erster
sieben Schnäbel im Gesicht hat
und die Pest am Hals,
eh wir uns schlafen legen,
wird Sieger.

An einen jungen Gerber

Da ist ein Drosselei
und dort ein Sterbezimmer,
die Dinge verhalten sich zueinander
in diesem Maß.
Leb wohl, lustiger Gerber
und Gerberssohn
und Enkel,
leb wohl in deinen Häuten,
bleib frisch darin,
solang du dich nicht fürchtest,
dann geh.

Verschenkter Rat

I

Dein erstes Schachbuch,
Ibsens Briefe,
nimms hin,
wenn du kannst,
da, nimm schon
oder willst du lieber
die Blattkehrer
von deiner Wiese treiben
und Ibsens Ziegen
darauf,
gleich weiß, gleich glänzend?
Es gibt Ziegen und es gibt Ibsens Ziegen,
es gibt den Himmel und es gibt eine
        spanische Eröffnung.
Hör gut hin, Kleiner,
es gibt Weißblech, sagen sie,
es gibt die Welt,
prüfe, ob sie nicht lügen.

II

Und frag sie,
was der fremde Thorax
im Garten soll,
schon versteinert,
der erste in diesem Frühling
zwischen den Brombeerhecken,
Mäusen
und der Mauer,
an die das Wasser
für uns schlägt,
was er dem Garten nützt.
Ob er ihn nötig hätte,
unseren Garten,
oder der Garten ihn.

III

Und
daß uns etwas zugetragen wurde
von Laufzeiten.
Ob die mit Lauf, mit Läufen zu tun
hätten,
mit Läuften, mit den Zeiten
oder mit nichts davon.

In einem

Und hätt ich keine Träume,
so wär ich doch kein anderer,
ich wär derselbe ohne Träume,
wer rief mich heim?